ULTIMATE SHARK-ATHON
Facts & Activity Book

George Toufexis

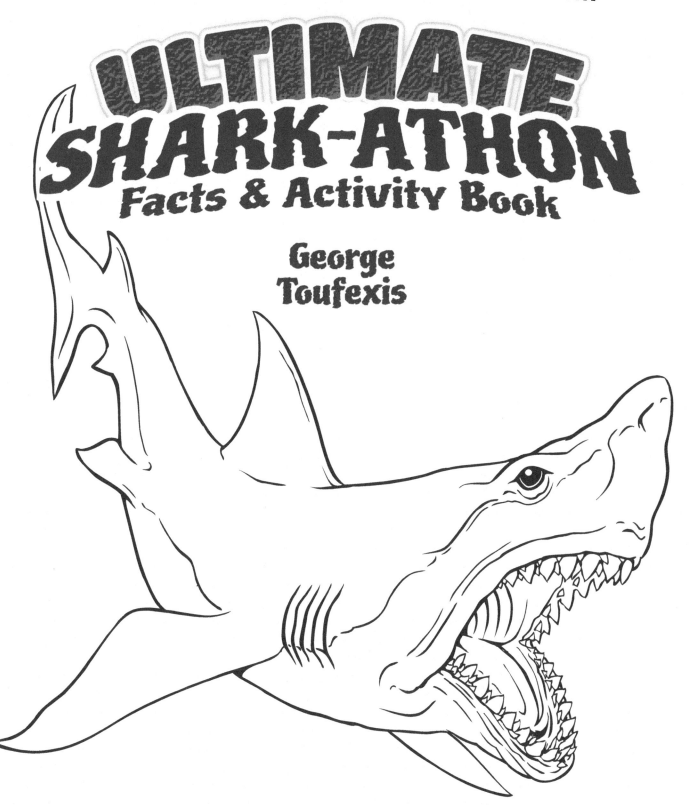

DOVER PUBLICATIONS
Garden City, New York

Bibliographical Note

Ultimate Shark-athon Facts and Activity Book is a new work, first published by
Dover Publications in 2013.

International Standard Book Number

ISBN-13: 978-0-486-49185-1
ISBN-10: 0-486-49185-4

Manufactured in the United States of America
49185408
www.doverpublications.com

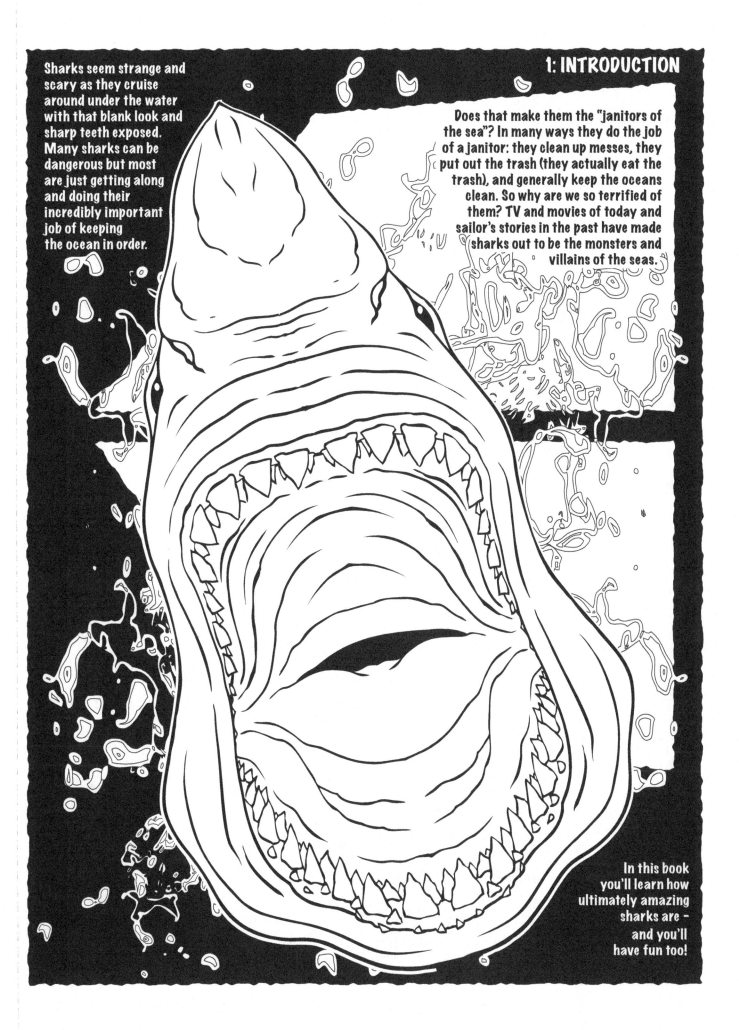

Sharks seem strange and scary as they cruise around under the water with that blank look and sharp teeth exposed. Many sharks can be dangerous but most are just getting along and doing their incredibly important job of keeping the ocean in order.

Does that make them the "janitors of the sea"? In many ways they do the job of a janitor: they clean up messes, they put out the trash (they actually eat the trash), and generally keep the oceans clean. So why are we so terrified of them? TV and movies of today and sailor's stories in the past have made sharks out to be the monsters and villains of the seas.

In this book you'll learn how ultimately amazing sharks are – and you'll have fun too!

2: SHARK PARTS

Let's begin with what makes a shark a shark:

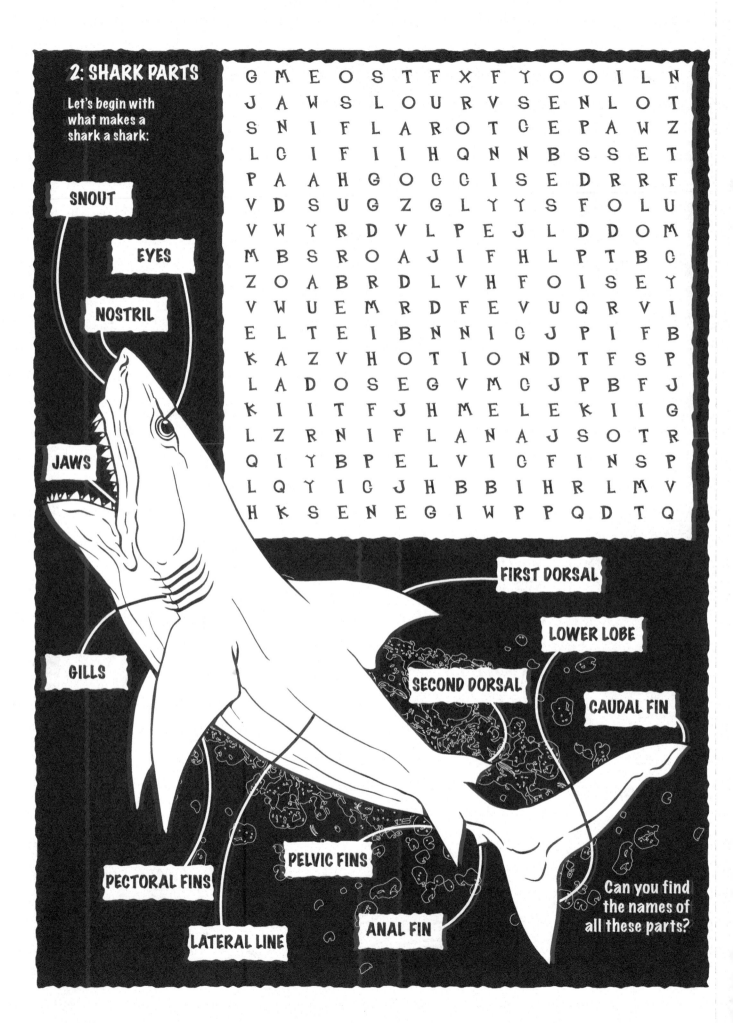

SNOUT

EYES

NOSTRIL

JAWS

GILLS

PECTORAL FINS

LATERAL LINE

PELVIC FINS

ANAL FIN

FIRST DORSAL

LOWER LOBE

SECOND DORSAL

CAUDAL FIN

Can you find the names of all these parts?

```
G M E O S T F X F Y O O I L N
J A W S L O U R V S E N L O T
S N I F L A R O T G E P A W Z
L G I F I I H Q N N B S S E T
P A A H G O G G I S E D R R F
V D S U G Z G L Y Y S F O L U
V W Y R D V L P E J L D O M M
M B S R O A J I F H L P T B G
Z O A B R D L V H F O I S E Y
V W U E M R D F E V U Q R V I
E L T E I B N N I G J P I F B
K A Z V H O T I O N D T F S P
L A D O S E G V M G J P B F J
K I I T F J H M E L E K I I G
L Z R N I F L A N A J S O T R
Q I Y B P E L V I G F I N S P
L Q Y I G J H B B I H R L M V
H K S E N E G I W P P Q D T Q
```

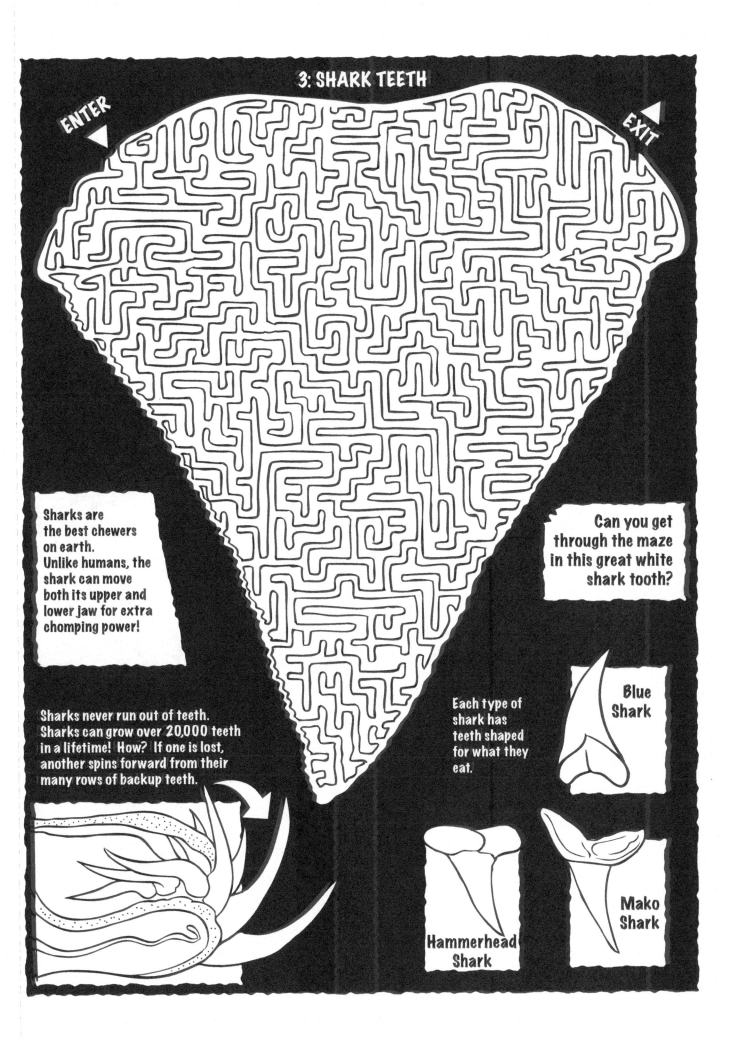

ENTER

EXIT

Sharks are the best chewers on earth. Unlike humans, the shark can move both its upper and lower jaw for extra chomping power!

Can you get through the maze in this great white shark tooth?

Sharks never run out of teeth. Sharks can grow over 20,000 teeth in a lifetime! How? If one is lost, another spins forward from their many rows of backup teeth.

Each type of shark has teeth shaped for what they eat.

Blue Shark

Hammerhead Shark

Mako Shark

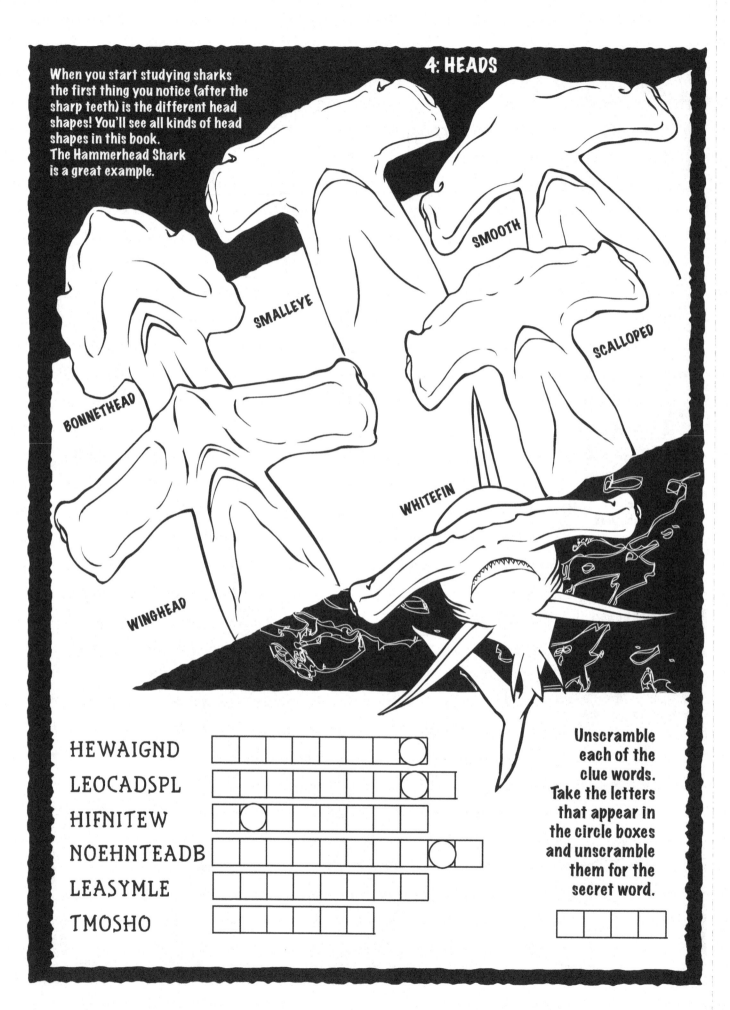

When you start studying sharks the first thing you notice (after the sharp teeth) is the different head shapes! You'll see all kinds of head shapes in this book.
The Hammerhead Shark is a great example.

SMOOTH

SMALLEYE

SCALLOPED

BONNETHEAD

WHITEFIN

WINGHEAD

HEWAIGND

LEOCADSPL

HIFNITEW

NOEHNTEADB

LEASYMLE

TMOSHO

Unscramble each of the clue words. Take the letters that appear in the circle boxes and unscramble them for the secret word.

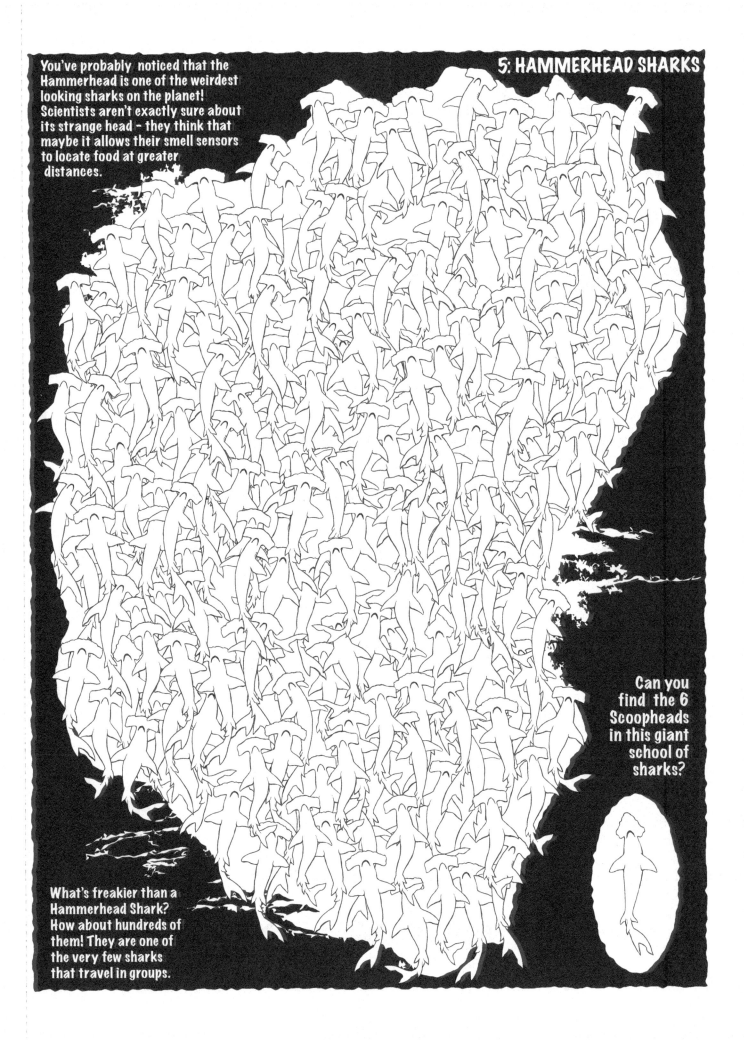

You've probably noticed that the Hammerhead is one of the weirdest looking sharks on the planet! Scientists aren't exactly sure about its strange head – they think that maybe it allows their smell sensors to locate food at greater distances.

5: HAMMERHEAD SHARKS

Can you find the 6 Scoopheads in this giant school of sharks?

What's freakier than a Hammerhead Shark? How about hundreds of them! They are one of the very few sharks that travel in groups.

6: DANGER! SHARK!

Are sharks out to get us? Through the thousands of years of recorded history sharks have injured or killed people, but shark attacks have always been extremely rare. In fact, more people die from bee and wasp stings every year than from sharks. When sharks injure someone, it's often because they mistake us for a seal or another animal they usually eat. The larger predator sharks are usually the kind seen attacking humans. So what are the 10 most dangerous sharks? More than half of the lethal attacks through history have come from just three types of sharks:

1) GREAT WHITE
2) TIGER
3) BULL

Here's the rest:

4) WHITE TIP
5) SAND TIGER
6) BLACK TIP
7) NARROW TOOTH
8) HAMMERHEAD
9) SPINNER
10) BLUE

```
E D L D I Z Z E L R V H
Q T Y A L L U B T K Q A
K U I E Q Z B S M T U R F
Y L W H I T E T I P U E E
X A I R W U Y G S G X F X
Q G S E P T E Z I W D E P
T O F M O R A T F X G P E
A F G M S L D E B W Z P W
R F O A F N A O R S O W
B P A H A P F M Y G E M W
E L T S O M V T S W I F
Z U A D H Y N O Z K R U
T B L C X T B Y H Z O S P
Y U B B K Z D E U L B P
Z I R S W T H M T X I N
E C Q A T G I V A D X N
X M T G L I D P P W U E
H T O O T W O R R A N R
W M N K N Y W H I O E R
J Q J Z H T H M J I Q L
```

Can you find their names?

7: MEGAMOUTH SHARK

Megamouth Sharks are pretty scary looking – having a giant head and mouth, growing up to 18 feet long and weighing as much as 2.5 tons! They live in the dark ocean deep where they attract food with actual lights that shine around their mouths. Megamouth Sharks are extremely rare and were first discovered in 1976.

8: GOBLIN SHARKS

Goblin Sharks live thousands of feet below the surface, and because it's so dark down there, they have semi-transparent skin. When seen in light they actually look pink! That bizarre shape at the top of their heads is believed to be an advanced kind of radar system to help them find food in the dark.

Goblin Sharks are like vacuum-cleaners! They suck sea creatures into their mouths once they get close enough.

Can you get through the maze without getting sucked in?

Greenland Sharks are also known as Sleeper Sharks, but don't let that fool you, they're deadly!
Here's some stuff that was found in the stomachs of dead Greenland Sharks: Polar Bear, Caribou, and Reindeer! Greenland Sharks can grow up to 21 feet long and weigh over a ton! They can also live for as long as 200 years. A lot of sharks are food for people, but not the Sleeper. Their meat is poisonous!

These scrambled words appear on this page – can you unscramble them and find the secret word?

HSKARS

MOHACSTS

DEGNERNAL

ROACIUB

DALDYE

OSNOPSOUI

Take the letters that appear in the circles and unscramble them for the secret word.

11: FRILLED SHARKS

Long and snakelike, Frilled Sharks are notorious for their odd teeth – around 300 three-pointed teeth set into 27 rows. That means that every Frilled Shark has about 1000 pointy hooks to grab onto its food. Ouch!

Across
2. unusual
3. used to catch fish
6. long reptile

Down
1. what we eat
2. _____ ! that hurts!
4. what this book is about
5. what you bite with

All the words in this puzzle are found on this page. Can you solve it?

What's the difference between a Sawfish and a Saw Shark? Saw Sharks have their gills on each side of the neck like most other sharks, while Sawfish gills are under their bodies. Saw Sharks swish their toothy nose when sea creatures come close and chew on their shredded victims.

```
V E S O O E D J B V E Z T O B G
S S Y B D T N U A S T O W A W O
L O Y F T B R I O P U H H C E U
B N X J K W O N P A A A B D E N
M T I O P G G D Y P M N M P N U
C R K J U N V M V A I T E D A T
L O X N O K L L S P J L F S I K
U H O L D B W M M L M M I L E S
H S E F A F J V C P T K K H Z I
C Y W I F O G E Y Z Y E V O P X
A X V H O W B R L O F C R N X G
B A I K A Y H P S L I C K S R I
X O G O X A H F X K F E V J O L
W D S X D R J J N K S C K T S L
C O B T J W F L D I O T N L P K
J P J O F W I V T B O Y I Z G R
T X D H L K C J T H F Y M Y X A
U U N C D B U D V X Y R I N A C
I S B O S R Y N W C L G H E G Y
L L L K U I K D D E N E F P M S
M A T T H G F T C T H A C S X Z
B Q C V J C R N L U D S E A J X
V C F J O I U T R O P I C A L C
J R L A F R A W D B K X E J J R
```

There are Saw Sharks all over the world's oceans. Can you find the names of these?
SIXGILL, LONGNOSE, TROPICAL, JAPANESE, SHORTNOSE, BAHAMAS, PHILIPPINE, DWARF

ASIA

AFRICA

AUSTRALIA▷

Sharks roam all the earth's oceans looking for food, from microscopic plankton all the way up to whales! In the oceans sharks are what scientists call "top" predators because they hunt and eat the smaller animals in the sea. Some sharks are called "super" predators because no other animal hunts and eats them.

White Sharks, Tiger Sharks, Oceanic Whitetip Sharks, and ocean mammals like Orcas and Sperm Whales are all super-predators. Because they usually hunt older, weaker or sick animals, they allow the stronger and healthier animals to get the food they need.

The map above is of the Indian Ocean: Can you get from Africa to Australia, two of the Great White Shark's favorite hangouts?

14: LONG GONE SHARKS

Scientists are always turning up fossils of prehistoric reptiles, insects, and mammals, and plenty of fish fossils as well.
Many fossils of sharks look surprisingly like modern sharks and rays but there are some that are downright strange!

Here's some unusual names for unusual sharks:
ELEGESTOLEPIS, STETHACANTHUS, CLADOSELACHE, SCAPANORHYNCHUS, XENACANTHUS, CRETOXYRHINA

SACHOLEECADL

⎵⎵⎵⎵⎵⎵⎵⎵⎵⎵⎵⎵
                    7

HANTASEUXCN

⎵⎵⎵⎵⎵⎵⎵⎵⎵⎵⎵
                5

HUHSSCNATTETA

⎵⎵⎵⎵⎵⎵⎵⎵⎵⎵⎵⎵⎵
            4

SYHSUNHOAPACCRN

⎵⎵⎵⎵⎵⎵⎵⎵⎵⎵⎵⎵⎵⎵⎵
                3

RORXENITHYCA

⎵⎵⎵⎵⎵⎵⎵⎵⎵⎵⎵
        2

IETOEPELSEGLS

⎵⎵⎵⎵⎵⎵⎵⎵⎵⎵⎵⎵
    6   1

Unscramble each of the clue words and then copy the letters in the numbered boxes to these boxes with the same number. ⟶

⎵⎵⎵⎵⎵⎵⎵
1 2 3 4 5 6 7

15: LIVING IN THE PAST

The Horn Shark lives in the Pacific ocean in the warmer waters off the coast of California where it spends most of it's time eating on the seabed.

The Horn Shark is about 4 feet in length and is recognized by it's blunt head, ridges over its eyes, and two high dorsal fins with large poison spines!

Horn Sharks are one of many sharks (like the Frill Shark and the Seven Gill) that are similar to prehistoric sharks found in fossils.

Many centuries ago, well before there were cameras, people relied on artists to depict or represent what something looked like if they couldn't see it with their own eyes. Many artists never sailed on the open ocean so they drew sharks based on descriptions given to them by sailors and explorers. Sometimes they were accurate but most times they were off the mark.

Above are two examples of artists' ideas of sharks from the fifteenth century: they look identical but there are 10 differences. Can you find them?

Sharks are eating machines and it's obvious that they enjoy their work. Sometimes they aren't too picky about what they eat. Sharks have been caught with some very strange objects in their stomachs.

Here are some samples: A wine bottle, a treasure chest, a suit of armor, a torpedo, a human arm, a nail barrel, a leather wallet, some copper wire, types of clothing, license plates, a can of sardines, and even a cannon ball!

```
R T A J R P I A H L C C M S T M Y E Y L
H Z P H P M Z U E U L N O D H Q Q L D B
B F B E I H O R W N M B N R S F G T I L
C J O Y T H R F C J E A G B P H W T U A
J L Q V F A Q I D G U I N X U U P O R I
B K R B B T L T E L L A W A U K U B L S
A V Q L A L R P C G K E U W R U Q E Q R
K W I E R S I Q E U D A D G I M C N Y E
Z A V L N H B O D S W H J M W F L I Y A
N P K O X C A N N O N B A L L Z O W J U
E P O G V X X H M U I E H Z Z R T S Q I
V X I U E V Z A F B N X C J I R H S G X
T S E H C E R U S A E R T I L E I Z O J
A V M P M B T O U R P H A V L A N N W P
U D M N V O P P M F B N F H J X G O N F
X G A L R E N X U R M Y Z V W V L B M F
S H T P O P H K D P A I D J T Q K P H J
G B E Z L W Z J G U C L V X L P B J C T
G D V Q S E B I U W Q A S D X C V B M N
O K X L M I B I X Z N B P I I H J K N S
```

Can you find these words?
WINE BOTTLE, TREASURE CHEST, ARMOR, TORPEDO, HUMAN ARM, NAIL BARREL, WALLET, CLOTHING, LICENSE PLATE, CANNON BALL

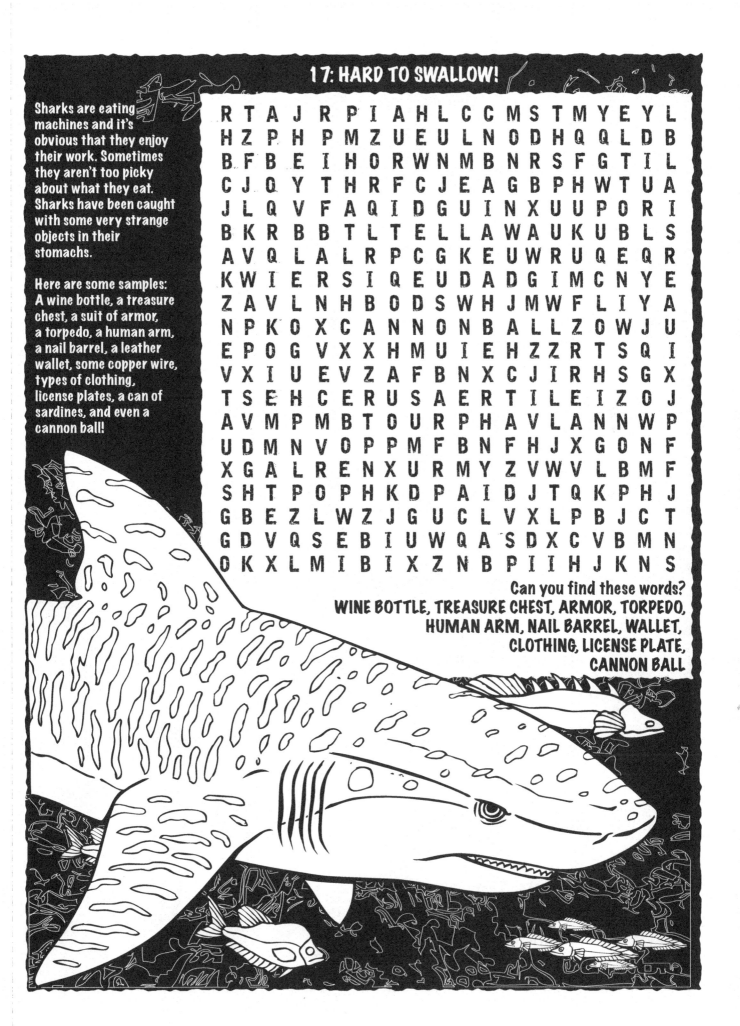

19: BULL SHARK

Bull Sharks are aggressive and are found cruising the shallow, warm waters of all the world's oceans –but they can also swim in fresh water, and even go inland up rivers!

Because of this, many scientists think Bull Sharks are the most dangerous sharks in the world. Bull Sharks get their name from their short, blunt snout, and because they like to head-butt their prey before attacking.

All the words in this puzzle are found on this page.

Can you solve the clues?

Across
1. what hunters chase
4. largest bodies of water
6. non-salted water
8. not very deep

Down
2. moving body of water
3. animal nose
5. people that study sharks
6. " lost and _____ "
7. male cow

20: SAND TIGER

Here's an example of how appearances can fool you. Large pointy teeth on a snarly mouth give the Sand Tiger a very scary look. They can grow as large as 10.5 feet, which makes them even scarier, but the Sand Tiger is not really as dangerous as it looks. They feed along the sea bed in warmer areas of the ocean.

21: CROCODILE SHARK

Here's a shark with a frightening name!
You'd expect a creature named "Crocodile Shark" to be big and scaly, with ferocious teeth and a long snout.
Although it's a predator, the Crocodile Shark only grows to about 3 feet long, using its oversized eyes to hunt squid and small fish at night.
So how did it get the name "Crocodile Shark"? Fishermen and sailors called it Crocodile because of its sharp teeth and habit of snapping violently when taken out of the water.

Crocodile Sharks live in the open ocean. Can you find your way to the fish?

Makos are incredibly fast swimmers, and can also leap out of the water. They can grow as large as 12 feet long and weigh up to 1,000 pounds – it makes a big splash! Makos are found in warm waters all over the world. Makos eat everything they can catch, and with their large, sharp, and pointy teeth they are able to hold on to the big, slippery creatures.

The Mako is considered dangerous. Mako sharks are also fast – very fast. They have been seen to travel at speeds from 25 to 60 miles per hour! Can you find the names of the Mako's favorite foods?

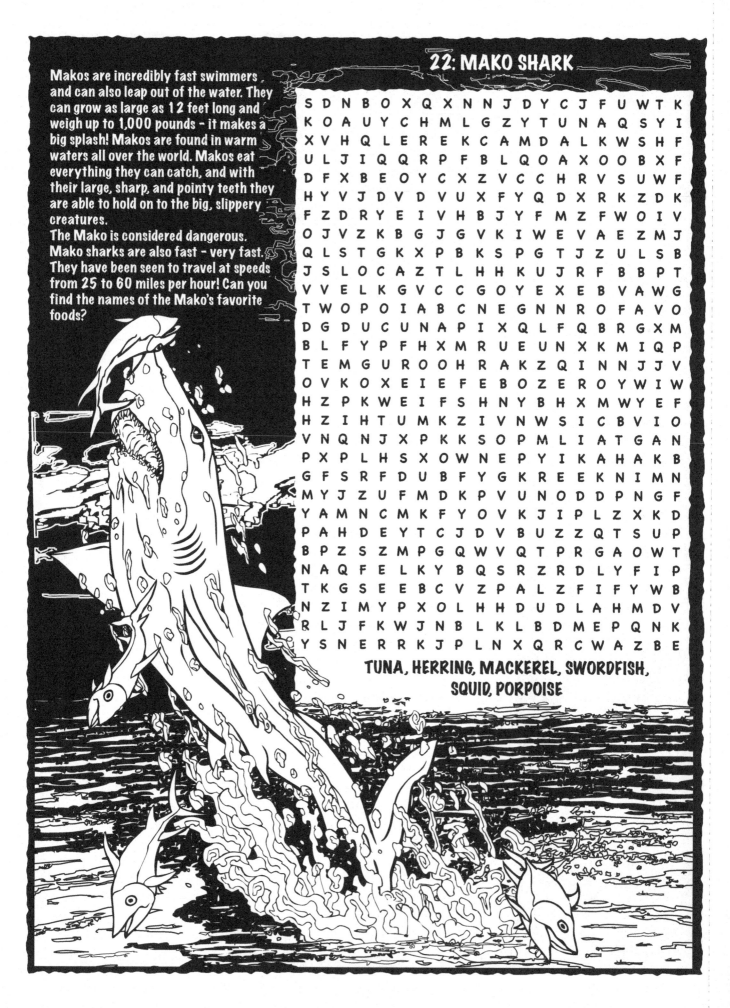

```
S D N B O X Q X N N J D Y C J F U W T K
K O A U Y C H M L G Z Y T U N A Q S Y I
X V H Q L E R E K C A M D A L K W S H F
U L J I Q Q R P F B L Q O A X O O B X F
D F X B E O Y C X Z V C C H R S U W F
H Y V J D V D V U X F Y Q D X R K Z D K
F Z D R Y E I V H B J Y F M Z F W O I V
O J V Z K B G J G V K I W E V A E Z M J
Q L S T G K X P B K S P G T J Z U L S B
J S L O C A Z T L H H K U J R F B B P T
V V E L K G V C C G O Y E X E B V A W G
T W O P O I A B C N E G N N R O F A V O
D G D U C U N A P I X Q L F Q B R G X M
B L F Y P F H X M R U E U N X K M I Q P
T E M G U R O O H R A K Z Q I N N J J V
O V K O X E I E F E B O Z E R O Y W I W
H Z P K W E I F S H N Y B H X M W Y E F
H Z I H T U M K Z I V N W S I C B V I O
V N Q N J X P K K S O P M L I A T G A N
P X P L H S X O W N E P Y I K A H A K B
G F S R F D U B F Y G K R E E K N I M N
M Y J Z U F M D K P V U N O D D P N G F
Y A M N C M K F Y O V K J I P L Z X K D
P A H D E Y T C J D V B U Z Z Q T S U P
B P Z S Z M P G Q W V Q T P R G A O W T
N A Q F E L K Y B Q S R Z R D L Y F I P
T K G S E E B C V Z P A L Z F I F Y W B
N Z I M Y P X O L H H D U D L A H M D V
R L J F K W J N B L K L B D M E P Q N K
Y S N E R R K J P L N X Q R C W A Z B E
```

TUNA, HERRING, MACKEREL, SWORDFISH, SQUID, PORPOISE

23: WHICH WHITETIP?

The Oceanic Whitetip Shark, found in the open ocean, is easy to recognize: It has large fins with white tips – simple enough. There's a similar shark called the Whitetipped Reef Shark that lives in shallow waters around coral reefs, but they are very different characters.

Unlike its cousin, the docile Reef Shark, the Oceanic Whitetip has a long history of attacking humans, and is considered one of the ocean's most dangerous predators!

All the words in the puzzle appear on this page – can you solve the clues?

Across
4. sharks have them on their backs
6. identify something previously seen
8. what reefs are mostly made of
10. opposite of complex.
12. huge body of water

Down
1. not the same
2. not safe to be around
3. slow and gentle
5. not very deep
7. opposite of difficult
9. opposite of closed
11. animal that hunts other animals

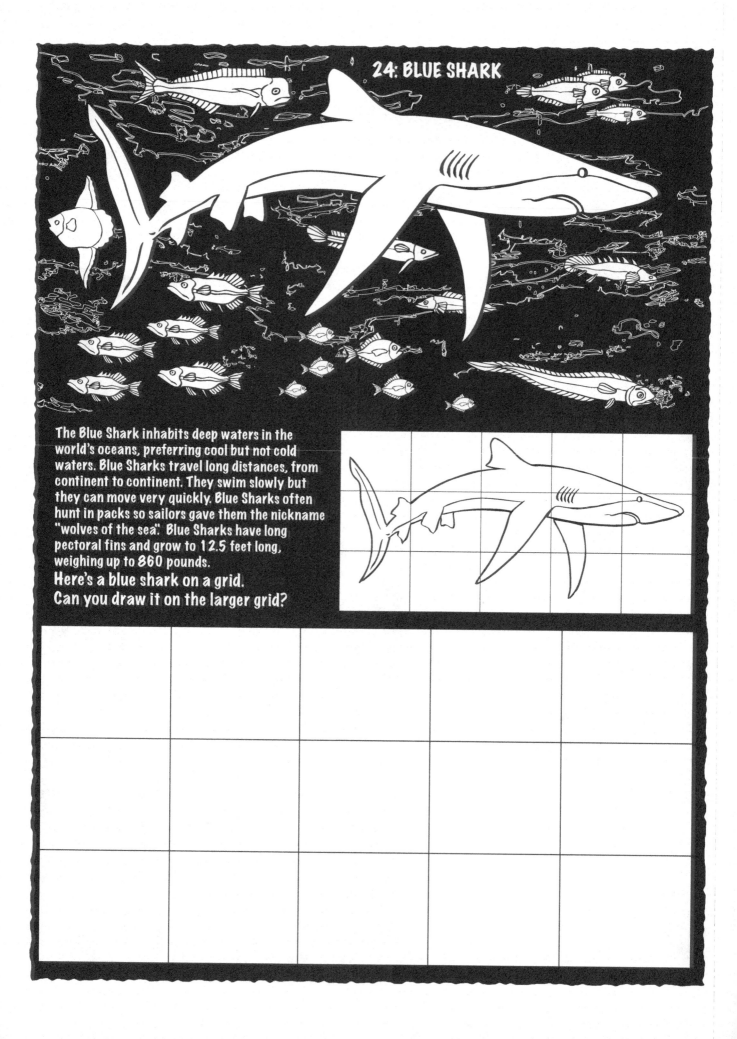

The Blue Shark inhabits deep waters in the world's oceans, preferring cool but not cold waters. Blue Sharks travel long distances, from continent to continent. They swim slowly but they can move very quickly. Blue Sharks often hunt in packs so sailors gave them the nickname "wolves of the sea". Blue Sharks have long pectoral fins and grow to 12.5 feet long, weighing up to 860 pounds.

Here's a blue shark on a grid.
Can you draw it on the larger grid?

Known as the Great White, White Pointer, White Shark, or White Death, the Great White Shark is the ultimate predator, the stuff of nightmares!

25: GREAT WHITE SHARK

The Great White has the size (up to and over 20 feet long and 5,000 pounds!), the teeth, and the appetite to be the primary predator of the oceans. Although movies and books lead us to consider Great Whites as "ferocious maneaters", humans are not the top choice of the great white shark. They prefer seals.

```
L X U V L G G D V P U
S Y Z W U R O B A S U
G O R H M Z K J D E S
U Q C A H W O E Q E E
M O L L U S C S R Y Y
K O W E S Z G W Q P P
B W T S N J B O T W
O M D T A P V P K C
P S C I E I O R K S
Z H P N C R G Y E O
E W I Y A I S L A S
T V T V T K T R E X
H F A X S R M A S T
K C N L U Y L V L M
U Y O T R S C K B V
Y C A E C S D R I B
V E V Z G W N Z K B
S A I C C B E Y S U
K G Z R Y L K S Y X
M A Q G M I B I M A
```

Can you find the names of the Great White's favorite snacks?

SEALS, OTTERS, WHALES, MOLLUSCS, CRUSTACEANS, SEA TURTLES, BIRDS

26: MEGALODON

Meaning "big tooth", from Greek mega, (big) and odon, (tooth) the Megalodon is an extinct shark known to us because of fossil teeth that were discovered. Based on the size of these teeth, scientists reconstructed this huge predator to a size of 52-67 feet in length. Wow!

27: SHARK ATTACK!

Sharks don't hunt people, but if you are moving around in the water, a shark might get curious and bump or even take a bite. It's not personal, they're just hungry. If you're wondering where the "Shark Attack Capital of the World" is, that nickname belongs to New Smyrna Beach in Florida!

Other dangerous places for shark attacks include: Papua New Guinea, Indonesia, Florida and the Carolinas, USA, California, USA, Brazil, South America, Queensland, Australia, New South Wales, Australia, Hawaii, USA, and the eastern coast of South Africa.

```
          S L A     W A         E
          A C O     I A         I A
N T       T H E R E D P L D H L
A I C K M Y M N O R B T A A R K I
N E W T F N K R C D A I S S C H O F N
```

A "fallen phrase puzzle" shows the spaces for a sentence or phrase. The letters are stacked directly under the spaces they will fit into, but the order is mixed up. Can you figure it out? Hint: a similar phrase is on this page.

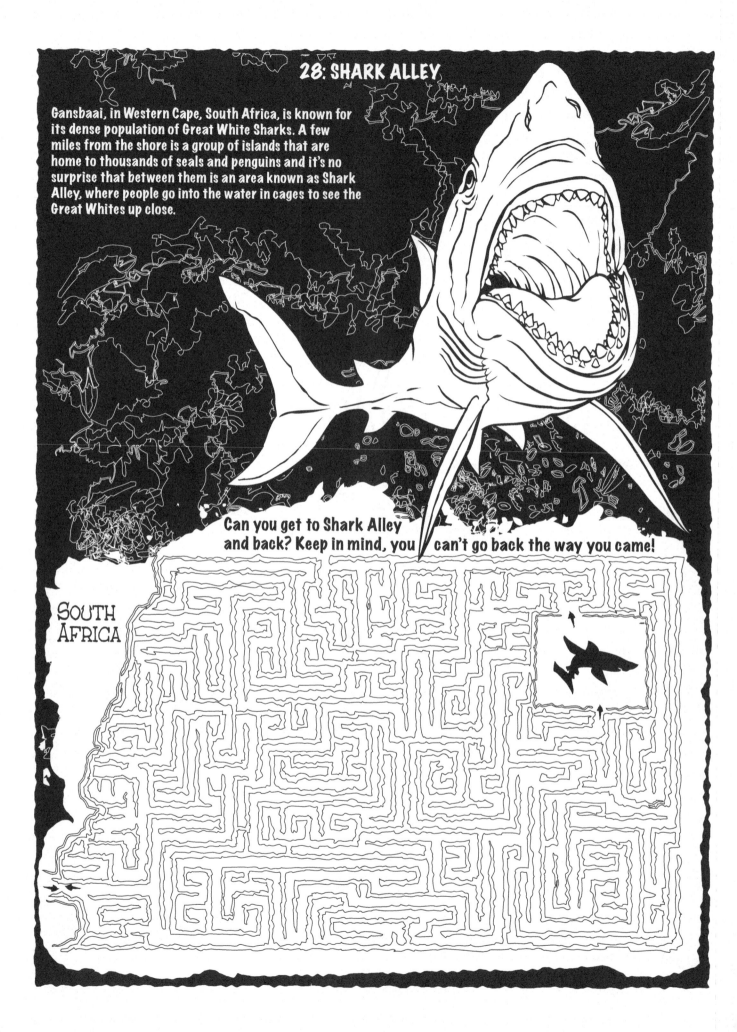

28: SHARK ALLEY

Gansbaai, in Western Cape, South Africa, is known for its dense population of Great White Sharks. A few miles from the shore is a group of islands that are home to thousands of seals and penguins and it's no surprise that between them is an area known as Shark Alley, where people go into the water in cages to see the Great Whites up close.

Can you get to Shark Alley and back? Keep in mind, you can't go back the way you came!

SOUTH AFRICA

29: MONSTER SHARK OF THE JERSEY SHORE

One of the worst series of shark attacks occurred in New Jersey, USA in 1916 where four people died and one was seriously injured. Amazingly, three of the attacks were in a creek near the ocean. No one can be certain what kind of shark attacked the victims. A Great White Shark was caught near there a few days later, but Great Whites don't swim in fresh water. However, Bull Sharks do.

Here's the names of places where the attacks took place: Raritan Bay, Matawan Creek, Spring Lake, Beach Haven

The four places are 8 separate words in this puzzle

BAY
BEACH
CREEK
HAVEN
LAKE
MATAWAN
RARITAN
SPRING

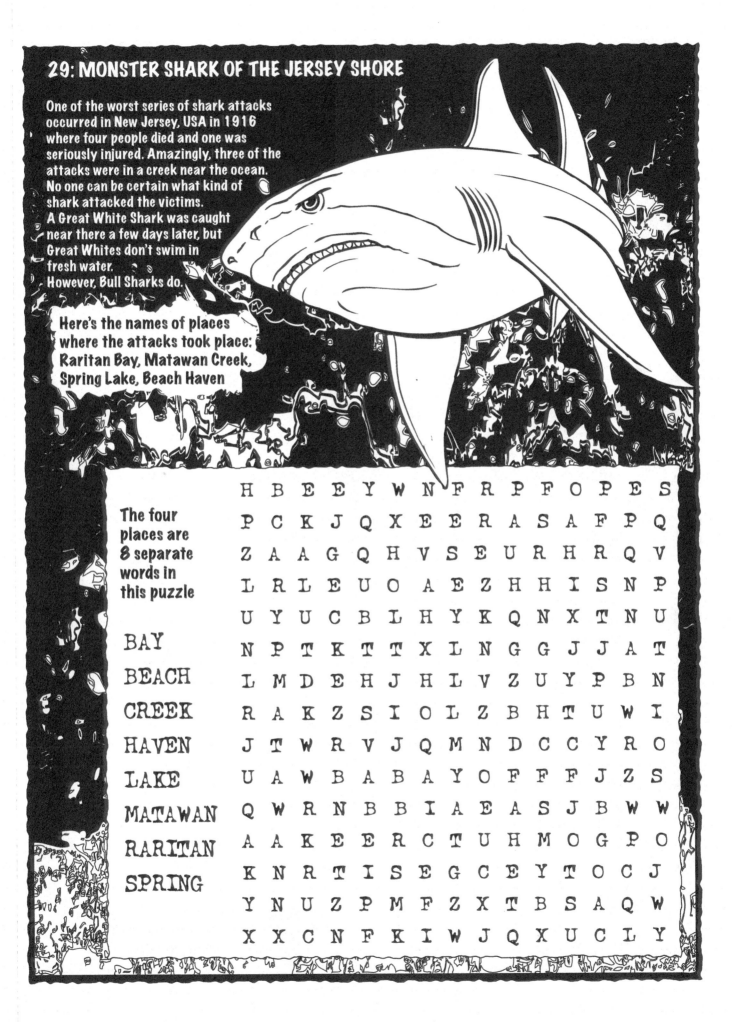

```
H B E E Y W N F R P F O P E S
P C K J Q X E E R A S A F P Q
Z A A G Q H V S E U R H R Q V
L R L E U O A E Z H H I S N P
U Y U C B L H Y K Q N X T N U
N P T K T T X L N G G J J A T
L M D E H J H L V Z U Y P B N
R A K Z S I O L Z B H T U W I
J T W R V J Q M N D C C Y R O
U A W B A B A Y O F F F J Z S
Q W R N B B I A E A S J B W W
A A K E E R C T U H M O G P O
K N R T I S E G C E Y T O C J
Y N U Z P M F Z X T B S A Q W
X X C N F K I W J Q X U C L Y
```

30: SHARK ATTACK PREVENTION

People have been trying to protect themselves from sharks for a long time. They've tried chemicals, clouding the water, protective coverings, weapons of various kinds, and even a kind of suit of armor. Some things work and some are questionable. Avoiding sharks is also a great way to keep them from biting you.

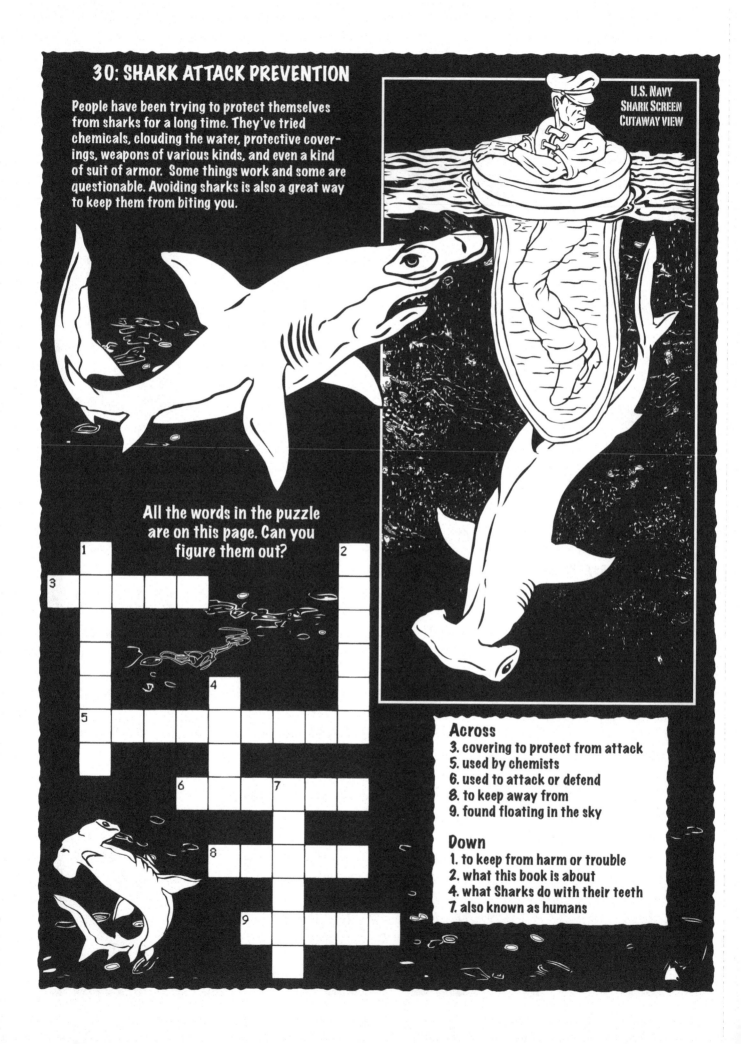

U.S. NAVY
SHARK SCREEN
CUTAWAY VIEW

All the words in the puzzle are on this page. Can you figure them out?

Across
3. covering to protect from attack
5. used by chemists
6. used to attack or defend
8. to keep away from
9. found floating in the sky

Down
1. to keep from harm or trouble
2. what this book is about
4. what Sharks do with their teeth
7. also known as humans

31: FRESHWATER SHARKS

You would think that lakes, rivers, estuaries, and large streams are safe from sharks. As we've seen, sharks can attack even in narrow creeks! Sharks have been found in places like the Mississippi River in the U.S., the rivers of Natal in South Africa, the Tigris River in Iraq, and in fresh water in India, China, Indonesia, West Africa, New Guinea, the Philippines and Australia, and Lake Nicaragua in Central America.

Can you find these 12 words?

LAKE
RIVER
ESTUARY
STREAM
CREEK
NATAL
TIGRIS
CHINA
INDONESIA
PHILIPPINES
AUSTRALIA
NICARAGUA

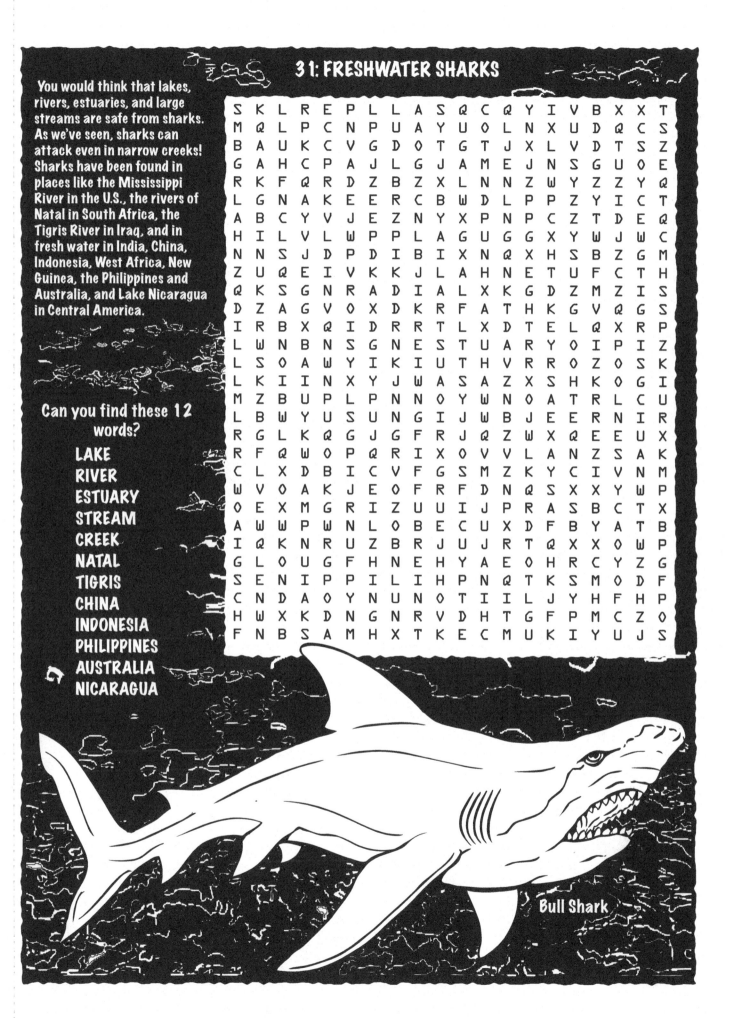

```
S K L R E P L L A S Q C Q Y I V B X X T
M Q L P C N P U A Y U O L N X U D Q C S Z
B A U K C V G D O T G T J X L V D T S S Z
G A H C P A J L G A M E J N S G U S O E Q
R K F Q R D Z B Z X L N Z W Y Z Z Y Q T
L G N A K E E R C B W D L P P Z Y I C T Q
A B C Y V J E Z N Y X P N P C Z T D E Q C
H I L V L W P P L A G U G G X Y W J W C M
N N S J D P D I B I X N Q X H S B Z G M S
Z U Q E I V K K J L A H N E T U F C T H S
Q K S G N R A D I A L X K G D Z M Z I G S
D Z A G V O X D K R F A T H K G V Q G S S
I R B X Q I D R R T L X D T E L Q X R S P
L W N B N S G N E S T U A R Y O I P I Z K
L S O A W Y I K I U T H V R R O Z O S K I
L K I I N X Y J W A S A Z X S H K O G I U
M Z B U P L P N N O Y W N O A T R L C U C
L B W Y U S U N G I J W B J E E R N I R
R G L K Q G J G F R J Q Z W X Q E E U X
R F Q W O P Q R I X O V V L A N Z S A K
C L X D B I C V F G S M Z K Y C I V N M
W V O A K J E O F R F D N Q S X X Y W P
O E X M G R I Z U U I J P R A S B C T X
A W W P W N L O B E C U X D F B Y A T B
I Q K N R U Z B R J U J R T Q X X O W P
G L O U G F H N E H Y A E O H R C Y Z G
S E N I P P I L I H P N Q T K S M O D F
C N D A O Y N U N O T I I L J Y H F H P
H W X K D N G N R V D H T G F P M C Z O
F N B S A M H X T K E C M U K I Y U J S
```

Bull Shark

The CHIMAERA, ELEPHANT SHARK, and SHARK RAY, along with ghost sharks, ratfish, skates, and rays are similar to sharks in their skin (not scaly) and skeleteon (made of cartilage instead of bone) but they are different in several other parts of their bodies.

Many of these fish differ from sharks in their jaws as well. Their upper jaws are part of their skulls and they don't have sharks' many sharp and replaceable teeth.

33: CATS AND DOGS

Catsharks and Dogfish are forms of sharks found all over the world. They are usually smaller and more slender and many have pointy spines in their dorsal fins. Catsharks got their name from the shape of their eyes and Dogfish because they hunt in packs or groups, like dogs and wolves. There are many kinds and lots of them.

Roughskin Dogfish

Here's a variety of Catsharks and Dogfish:
Can you draw lines to match the names with the scrambles?

LEAFSCALE GULPER	HOARKOSABMB
PLUNKET SHARK	ODELRPIGISCHKYF
LARGESPINE VELVET	RESAAMCKBDRLHTA
BAMBOO SHARK	FULAESRLEGECLAP
PRICKLEY DOGFISH	SRCAAHLCOKRTA
SPINY DOGFISH	HSONDIGFYIPS
MARBLED CATSHARK	KSNLKPHATREU
CORAL CATSHARK	NEVRTGIPVSELEALE

Spiny Dogfish

Coral Catshark

Bamboo Shark

The slow moving and generally harmless Basking Shark is the second largest living fish, after the Whale Shark. It moves along with its giant mouth wide open, taking in tiny creatures for food. It's called a "Basking" Shark because it is often seen feeding up near the surface and looks like it's relaxing in the warmer water.

Basking Sharks like to slowly travel long distances; Can you get across the North Atlantic ocean?

35: WHALE SHARK

Whale Sharks are the largest fish in the ocean (whales are mammals), growing to 40 feet or more! Fortunately, Whale Sharks prefer eating tiny, floating plants and animals called plankton, which they scoop up with their gigantic open mouths close to the water's surface. Although massive, Whale Sharks are very gentle and sometimes allow swimmers to hitch a ride!

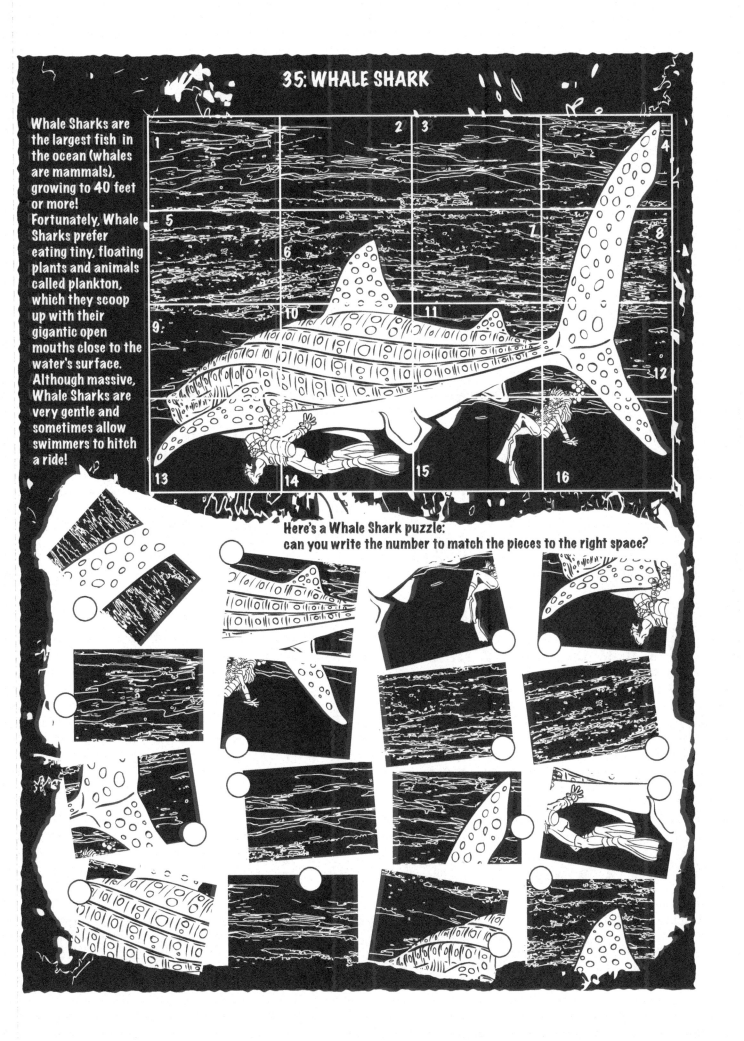

Here's a Whale Shark puzzle:
can you write the number to match the pieces to the right space?

36: NATURAL ENEMIES

When you see a Great White Shark it's hard to imagine that it would be scared of any other creature. Great White Sharks are considered Apex Predators, the top hunters of the oceans but eye-witnesses have seen Great Whites attacked by, oddly enough, Killer Whales, and Humpbacks! Most sharks are not as large and ferocious as the Great White so they are hunted as much as they hunt - in many cases by other or their own family of sharks!
The sad reality is that we humans are the worst enemy of sharks, catching and killing tens of millions of them every year.

Humpback Whale

Whales that have attacked sharks:

Killer Whale

Sperm Whale

```
E C L J H H S E I F K M U S K J N H Y A U W E D Y
S H P P Z U G W R L W D V I K C B M J M P A S N A
H D R B P R O X J G B U P N H J A E B E H V I E W
M R I O L X C O I I B N E P Z T R B S R D E O B X
V G T V Z O R A T B A J P I J H J R P P Y J P Z X
O C E P B G N Z C H E G D K I W D A E M S H R T V
O Q U K P T K H S K E V X Q R G A H R Z U Y O L Q
R O X S S C V P F X S R K X P L X L M I K H P U W
C M T Q M X K I C L V A S H Z X Z F W H B L H C A
W L U O A B P E I R B W D D H X S F K H J X E E J Z
T I F H U M A N B E I N G S A K X E A N T C E G X
D M P V R N T G X P W I T C R J G L B Z L H O X
K O M C C W U Z M A T F S P K F K C E T A E H S H
N S K Y A I Q Z N A I D V Z A N J S N H C E B F Z Z
A I A B V E V U G I E K Q R B D K N W C N D F X Z
J U T Y B C R T F C M E Q F K Z Y R G O X B I E T
S E P U E R U H L O D Q Q M E H E K G C G U J W R
M U G S Y Y O U A Z W W X H P L E Z G A Z M J L X
R I E C A R F C C N S O X P L D N O L J Q Z A E Y
D K W U F U I U F V E L X I D G N V Y H G P H V E H
K D M T D Y L X B M A V K M T T I E I M C E U Z H
E L I D O C O R C Y P K O Q B M D U O Q C X C I G
W C Y W A J Q T S I N V L R G Q N B M H T Z B P U
H E K B N S J U T A R K O W I A J S K J V Z V U U
X E P A L W Q U O M E E N M X Y Q C H L K J E Z K
```

Here are some natural predators of sharks: can you find the names?

KILLER WHALE, HUMPBACK, SPERM WHALE, CROCODILE, HUMAN BEINGS, GIANT SQUID, PORPOISE, OTHER SHARKS, OCTOPUS

37: SURVIVAL

Like many animals in our world, sharks are in danger. Because sharks take longer than most other fish to grow, hunting and fishing has caused many types of sharks to almost disappear from the oceans. Sharks are top predators and play a vital role in maintaining the balance in the oceans by keeping population sizes in check. It's important that we all learn as much as we can about sharks and their essential place on our planet.

All the words in the puzzle appear on this page. Can you solve the clues?

Across
4. this book is about them
5. not quite
6. opposite of bottom
8. very important
9. not too much, not too little
11. Done with a hook and line

Down
1. vanished
2. goes around the sun
3. number of people or animals
6. kinds
7. chasing and catching
10. essential

Just so you know, the largest measured Great White was 29 feet long and weighed 10,000 pounds. Awesome!

Great White Sharks can be seen launching themselves out of the water. As a result, there's usually something to chew on in their jaws!

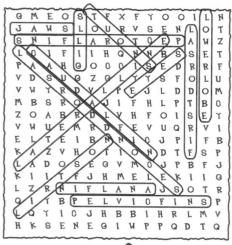

page 2

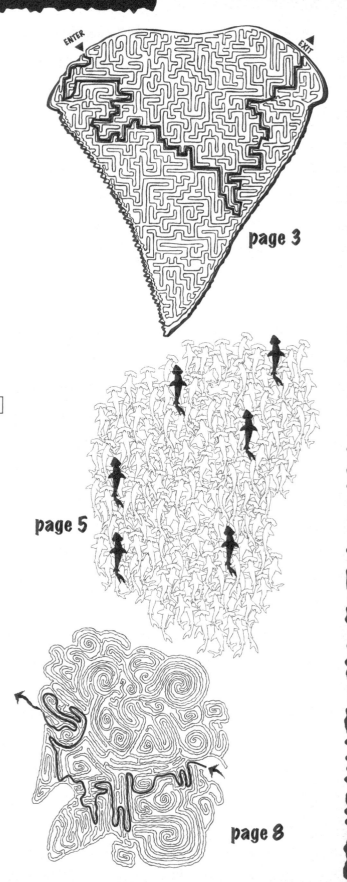

page 3

HEWAIGND   W I N G H E A D

LEOCADSPL   S C A L L O P E D

HIFNITEW   W H I T E F I N

NOEHNTEADB   B O N N E T H E A D

LEASYMLE   S M A L L E Y E

TMOSHO   S M O O T H

H E A D

page 4

page 5

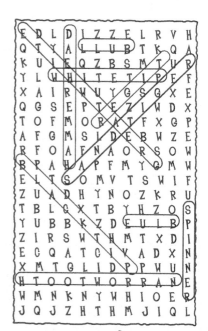

page 6

page 8

41: SOLUTIONS

HSKARS   SHARKS
MOHACSTS   STOMACHS
DEGNERNAL   GREENLAND
ROACIUB   CARIBOU
DALDYE   DEADLY
OSNOPSOUI   POISONOUS

SLEEPER

page: 9

page: 10

page: 11

```
      ¹F
       O
       O
  ²O D D
   U
   C
  ³H O O K ⁴S
          H      ⁵T
  ⁶S N A K E    E
          A      E
          R      T
          K      H
          S
```

page: 12

```
V E S O O E D J B Y E Z T O B G
S Y B D T N U A S T O W A W O
L O Y F T B R O P U H H C E U
B N X J K W O N P A A A B D E N
M C I O P G G D Y P M N M P N U
C L U R K J U N V M V A T T E D A T
U H X N O K L L S P J L F S I K
H S E F A F J V C P T K K H Z I
C Y W I F O G E Y Z Y E V O D R
A X V H O W B R L O F C R N X G I
B A I K A Y H P S L I C K S R L L
X O G O X A H F X K F E V J O L
W D S X D R J J N K S C K T S
C O B T J W F L D I O T N L P K
J P J O F W I V T B O Y I Z G R
T X D H L K C J T H F Y M Y X A
U U N C D B U D V X Y R I N A C
I S B O S R Y N W C L G H E G Y
L L L K U I K D D E N E F P M S
M A T T H G F T C T H A C S X Z
B O C V J C R N L U D S E A J X
V C F J O I U T R O P I C A L C
J R L A F R A W D B K X E J J R
```

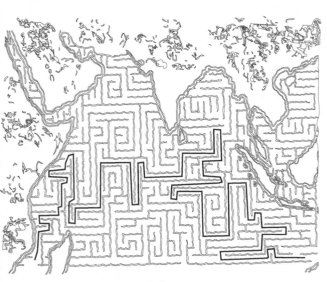

page: 13

SACHOLEECADL   CLADOSELACHE
HANTASEUXCN   XENACANTHUS
HUHSSCNATTETA   STETHACANTHUS
SYHSUNHOAPACCRN   SCAPANORHYNCHUS
RORXENITHYCA   CRETOXYRHINA
IETOEPELSEGLS   ELEGESTOLEPIS

STRANGE

page: 14

page: 16

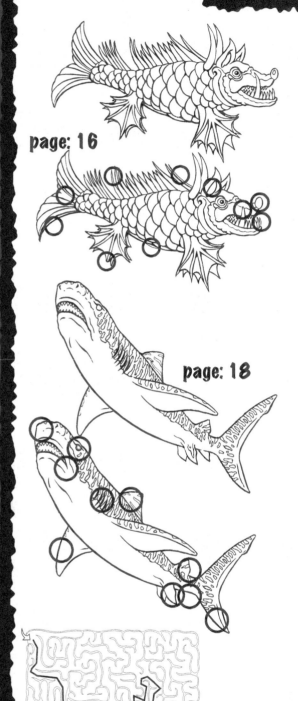

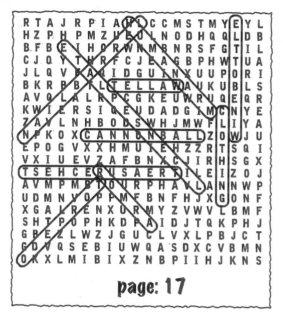

page: 17

page: 18

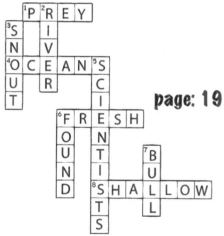

page: 19

page: 21

page: 22

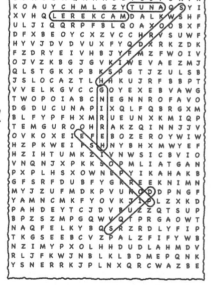

page: 23

Crossword solution:

- 3D DOCIL(E)
- 2D DANGEROUS
- 1D DIFFERENT
- 4 FINS
- 5D SHALLOW
- 6 RECOGNIZE
- 7D EASY
- 8 CORAL
- 9D OPEN
- 10 SIMPLE
- 11D PREDATOR
- 12 OCEAN

page: 25

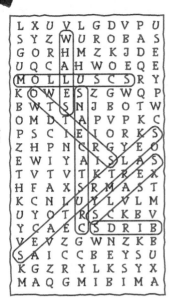

page: 27

NEW SMYRNA BEACH IN FLORIDA IS NICKNAMED "SHARK ATTACK CAPITAL OF THE WORLD."

page: 28

page: 29

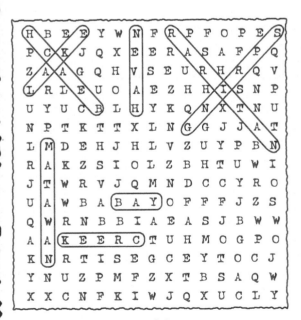

page: 30

Crossword solution:

- 1D PROTECT
- 2D SHARKS
- 3 ARMOR
- 4D BITE
- 5 CHEMICALS
- 6 WEAPON
- 7D PEOPLE
- 8 AVOID
- 9 CLOUD

page: 31

page: 33

LEAFSCALE GULPER — HOARKOSABMB

PLUNKET SHARK — ODELRPIGISCHKYF

LARGESPINE VELVET — RESAAMCKBDRLHTA

BAMBOO SHARK — FULAESRLEGECLAP

PRICKLEY DOGFISH — SRCAAHLCOKRTA

SPINY DOGFISH — HSONDIGFYIPS

MARBLED CATSHARK — KSNLKPHATREU

CORAL CATSHARK — NEVRTGIPVSELEALE

page: 34

page: 35

page: 36

page: 37

Across

4. SHARKS
5. ALMOST
6. TOP
8. ESSENTIAL
9. BALANCE
11. FISHING

Down

1. DISAPPEARED
2. PLANET
3. POLLUTION
6. TYPES
7. HUNTING
10. VITAL